HHH!

Curd Ridel - Valette - Passaglia - Guedj

# VIE DE MERDE

## avec mon chat

BIDIBIDIBI... TAP
06:00

Michel Lafon
Jungle!

À Dédé Catherine, dit le père Chat, mon pote de toujours,
à la mère Chat, la tante Néguza, Ragougam, Sibuduc, Chaminou...
toute la famille Chat. Avec mon affection de toujours.

Curd

www.curdridel.com

Scénario et dessin : Curd Ridel
Couleurs : Sandrine Fricot & Pierre Schelle

Ouvrage publié sous la direction de
Maxime Valette, Guillaume Passaglia, Didier Guedj.

ISBN : 978-2-874-42863-0
N° d'édition : L.10EBBN001407.N001



Première édition - Août 2011

Imprimé et relié en France par PPO Graphic. Dépôt légal : août 2011 ; D.2011/0053/393

AUJOURD'HUI, J'AVAIS ENVIE D'UN BON BOL D'AIR FRAIS...

KLIK
BZZZZZZ
KLIK
BZZZZZZ
NON!
BOM
BOM
BOM

VDM

AUJOURD'HUI, JE VAIS ENCORE ÊTRE EN RETARD AU BOULOT...

DRIIIIIING
MHMMM
AH OUAIS, SALUT... DÉJÀ 8 HEURES?!
CLIC
ZZZ
JE TE REMERCIE DE M'AVOIR APPELÉ !... AVEC MON FOUTU RÉVEIL QUI NE SONNE PLUS...
GRATT GRATT
07:59
ÇA FAIT 2 SEMAINES QUE J'ARRIVE EN RETARD AU BOULOT! JE NE SAIS PAS POURQUOI IL NE SONNE PLUS, CE...
BIDIBIDIBI
08:00
BIDIBIDIBI... TAP
08:00
JE CROIS QUE J'AI UN CHAT MALÉFIQUE!!!
08:00


VDM

AUJOURD'HUI, J'AI PRIS MON CHAT EN FILATURE...

ÉPICERIE
ÉPICERIE
OUVERT 8J/7 MÊME LA NUIT
ÉPICERIE FINE
GRATT GRATT
ENTRE, LÉON !
TU COMPRENDS, IL FALLAIT QUE JE SACHE OÙ IL PASSE SES JOURNÉES PENDANT QUE JE SUIS AU BOULOT, ALORS JE L'AI SUIVI !... IL VA CHEZ LES VOISINS QUI LUI MITONNENT DES PETITS PLATS, LE COIFFENT... ET L'APPELLENT LÉON !...
ILS PENSENT MÊME À LE CASTRER POUR ÉVITER SES BALADES NOCTUUUUURNES !
RHOOOO LE SALAUD ! IL MÈNE UNE DOUBLE VIE !

AUJOURD'HUI, J'AI RENDEZ-VOUS AVEC MA CHÉRIE...

OUF! 4 HEURES DE MÉNAGE, MAIS ÇA VALAIT LE COUP! ÇA BRILLE COMME CHEZ CARLA ET NICO!
COUETTE ET DRAPS PROPRES, LÀ, CE COUP-CI, JE VAIS CONCLURE!
T'AS VU? J'AI MÊME CHANGÉ TA LITIÈRE ET LAVÉ TA GAMELLE!
MIAOUUU
?
ZIOUP
PLOUFF
AAAH!
NOOOON!!!
MIOUUU

AUJOURD'HUI, MON CHAT AVAIT UN TRUC BIZARRE AUTOUR DU COU...

TIC
TIC
TIC
TIC
?
?
TIC
TIC
TIC
TIC
TIC
?
?
je te quitte
ESPÈCE DE LÂCHE!!!

VDM

AUJOURD'HUI, MON CHAT EST TRÈS JOUEUR...

AH AH !
ET HOP !
BIDIBIDIBIDI
ALLÔÔÔ ?
AH, SALUT VIEUX !
NON, JE JOUAIS AVEC MON CH...
AAAAOUAÏÏHH

VDM

AUJOURD'HUI, BATAILLE DE PELUCHES AVEC MA COPINE...

BOM
HI HI!
BOM
BOM
BOM
BOM
BOM
OUILLE!
AHAHAH!
BOM
OUPS!
MÊÊÊOUUUWW
AÏE!!!
VLAM!
BIENVENUE

VDM

AUJOURD'HUI, ZOUZOU EST UN CANAILLOU...

MON ÉCHARPE...
FFSHHHHH
AAAH!
HA HA HA ! TU M'AS FAIT PEUR, ZOUZOU ! MAIS 'FAUT QUE JE PARTE...
VITE, MON ÉCHARPE.
RRRR RRRR RRRR RRRR RR
FSHHHH
AAAAH!
AHAH ! TU M'AS ENCORE EU, ZOUZOU ! MAIS IL FAUT QUE J'AILLE À L'ÉCOLE, MOI...
ZOUZOU REVIENS !... ZOUZOUUUU...
VIENS ME FAIRE UN BISOU !
TANT PIS POUR TOI ! JE M'EN VAIS !
CLAC
FFSHHHHH!
HIIII!
AAAH!
AAAAH!
HIIIIIII
VDM

AUJOURD'HUI, J'AI UN PEU MAL À LA TÊTE...

IL A VOULU MONTRER À SON CHAT QU'EN POUSSANT AVEC LA TÊTE, IL POUVAIT PASSER !
VDM

AUJOURD'HUI, MON COLOCATAIRE A EU UNE IDÉE TRÈS DRÔLE...

DIS, VIEUX... ÇA FAIT UNE HEURE QUE JE T'ATTENDS, LÀ !
T'INQUIÈTE ! JE PRENDS UNE DOUCHE ET ON Y VA !
POM POM POM
MIAOU.
?
AH NON ! TOI, TU DÉGAGES !
HÉ HÉ HÉ...
FSHHHH
SURPRÎÎÎÎSE !
MÈOOUUAAAAH !!
FSHHHH
J'AI JUSTE VOULU LUI FAIRE UNE PETITE BLAGUE, DOCTEUR !
PFFFFRT...


VDM

AUJOURD'HUI, LE CHAT DE MA COPINE A JOUÉ LE VICE...

OH OUI ! OH OUIIII ! OH WOUIWOUIWOUIIII
HI HI HI HI...
GNAP!
WOUAÏÏÏÏLLE!!!
DEHORS, F.D.P. !!!
VOUS ALLEZ BIEN ?...
BONJOUR, CHRISTELLE, C'EST TON PETIT AMI, JE SUPPOSE ?
"VOUS ALLEZ BIEN ?" QUEL CON ! MAIS QUEL CON !...
VDM

AUJOURD'HUI, MON BÉBÉ CHÉRI A FAIT UN GROS CAUCHEMAR...

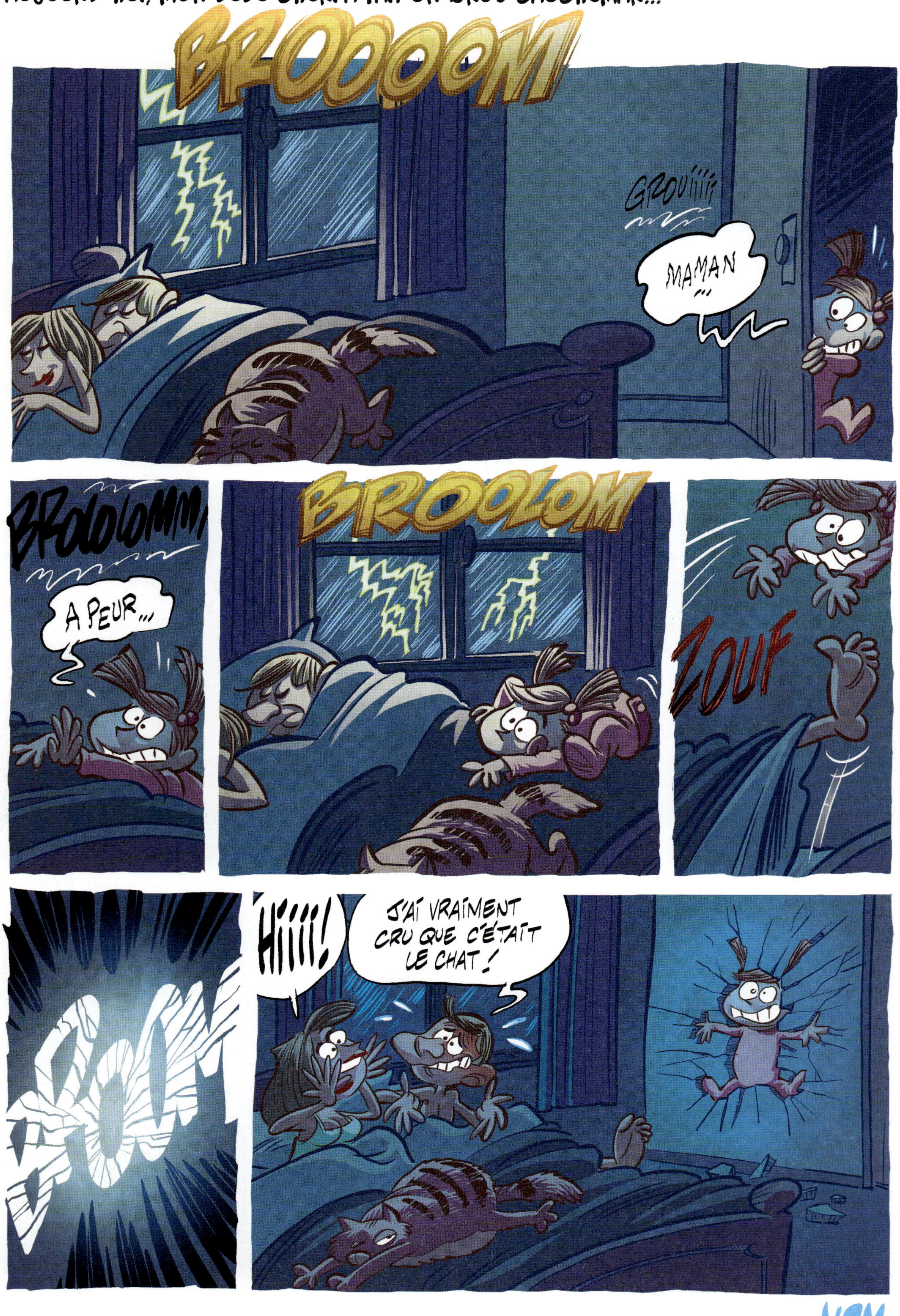

BROOOOM
GROUÏÏÏÏ
MAMAN...
BROLOLOMM
A PEUR...
BROOLOM
ZOUF
HIIIII!
J'AI VRAIMENT CRU QUE C'ÉTAIT LE CHAT !

AUJOURD'HUI, J'AI DÛ FAIRE PIQUER MON CHAT...

ÇA Y EST ?... TU... TU Y ES ALLÉ ?...
C'EST RÉGLÉ, MON VIEUX... N'Y PENSE PLUS !
T'ES VRAIMENT UN AMI !...
NORMAL.
TU SAIS, MON PAUVRE CHAT, IL ÉTAIT ATTEINT D'UNE TUMEUR AU CERVEAU, C'ÉTAIT UNE QUESTION DE SEMAINES...
C'EST FINI MAINTENANT...
MERCI D'AVOIR FAIT ÇA POUR MOIIIIIII...
TU SAIS QUE TU PEUX COMPTER SUR MOI.
T'ES UN FRÈÈÈÈÈÈÈÈRE !...
SNIF SNIF BEUHEUUUUUUU
ALLEZ... ON EST ARRIVÉS CHEZ TOI... OUVRE, ON VA BOIRE UN VERRE.
MIOU.
PETIT PÉPÈRE... IL VA SE SENTIR BIEN SEUL SANS SON COPAIN...
SON COPAIN, IL ALLAIT BIEN !... LUI, PAR CONTRE, IL A TOUJOURS SA TUMEUR !

VDM

AUJOURD'HUI, MA PETITE FILLE DE DEUX ANS A UN GROS CHAGRIN...

BWOOUAAÏÏÏÏÏÏ
EH BIEN, MON TRÉSOR ?... QU'EST-CE QU'IL Y A ?!!
PIED, PAPA!
PIEEED!
OOOH, TU T'ES FAIT BOBO À TON PETIT PIED ?...
PAPA VA SOIGNER ÇA!
MMMMHMHSMAAACS!
OH NON!... ANAÏS A ENCORE MARCHÉ DANS LE VOMI DU CHAT!
VDM

AUJOURD'HUI, J'AI UN CHAT DE COMPÉTITION...

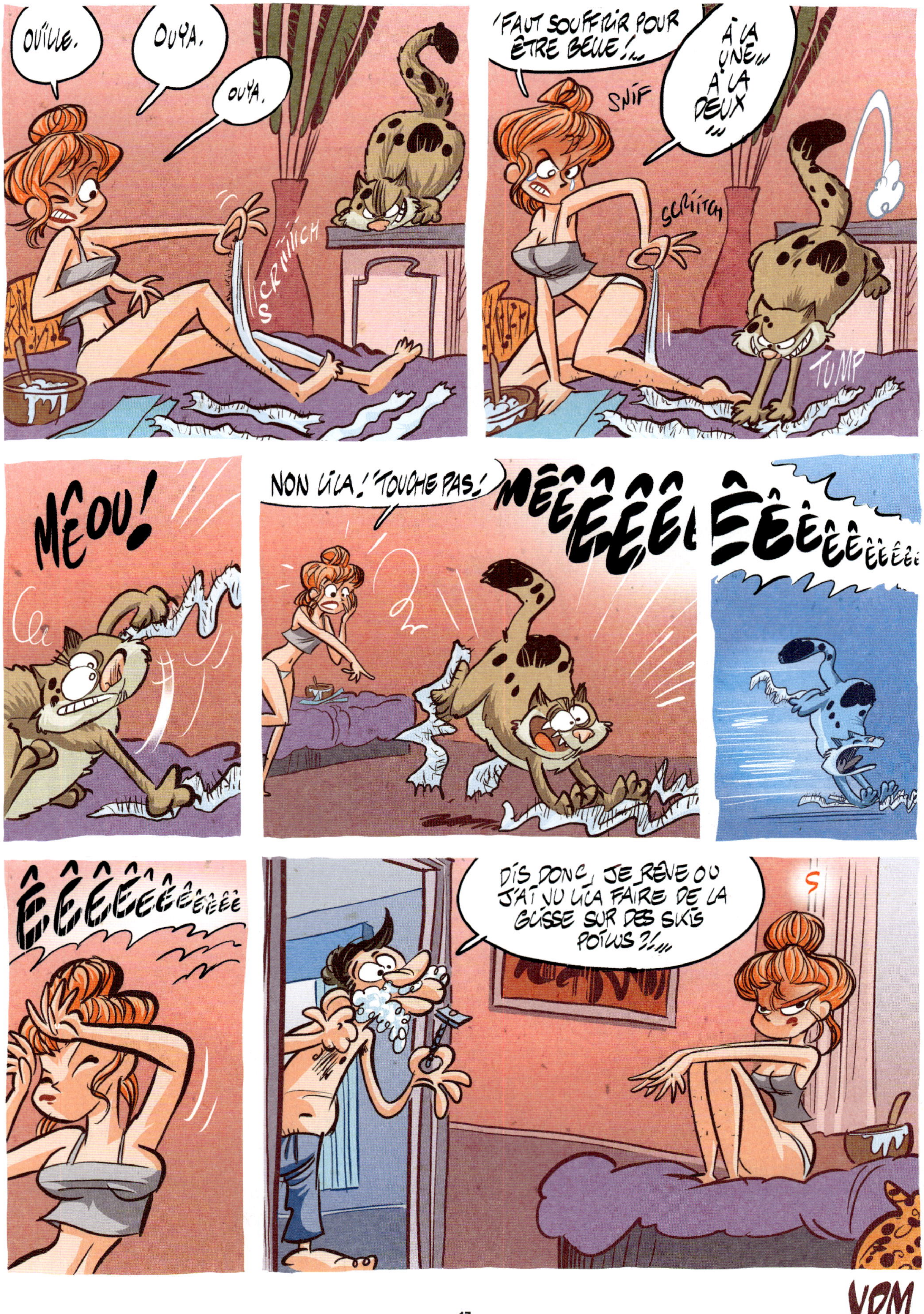

OUILLE.
OUYA.
OUYA.
SCRIIICH
'FAUT SOUFFRIR POUR ÊTRE BELLE !...
À LA UNE... À LA DEUX ...
SNIF
SCRIICH
TUMP
MÊOU !
NON LILA ! TOUCHE PAS !
MÊÊÊÊÊÊÊÊÊÊÊÊêêêêêê
ÊÊÊÊÊÊêêêêêê
DIS DONC, JE RÊVE OU J'AI VU LILA FAIRE DE LA GLISSE SUR DES SKIS POILUS ?!...




VDM

AUJOURD'HUI, MON CHAT S'EST TROUVÉ UNE COPINE...

AH? IL FAIT QUE 700 PAGES, LE TIEN?
C'EST SUPER-SYMPA DE NOUS IMPRIMER NOS MÉMOIRES, À SARA, LÉA ET MOI!
BAH, J'AI PAS TELLEMENT LE CHOIX!
POURQUOI ÇA?
TU VOIS MON CHAT? IL EST RAIDE DINGUE DE MON IMPRIMANTE! IL RONRONNE À FOND EN REGARDANT LES FEUILLES SORTIR!
PSHiiii PSHiiii
GZZZ PSHiiii GZZZ PSHiiii GZZZ GZZZ PSHiiii GZZZ
RRR RRRR RRRR RRRR RRRRR
ET ALORS?
AÏE! ÇA Y EST! LE MÉMOIRE DE SARA EST TERMINÉ!
ET ALORS, IL N'AIME PAS DU TOUT QUAND ÇA S'ARRÊTE!

VDM

AUJOURD'HUI, LES CROQUETTES DE MON CHAT LUI ONT DONNÉ PLEIN D'ÉNERGIE...

TU AS DEVALISÉ LE RAYON MÉNAGE ?!!
?
DIS DONC ! SOL NET', JAVEL ULTRA, DÉCAP'MOQUETTE, BALAI BROSSE...
TU JOUES LA FÉE DU LOGIS, MAINTENANT ?
C'EST MON CHAT !...
TON CHAT ?!!?
TU SAIS QU'IL ADORE COURIR EN ROND DANS TOUT L'APPART...
AH OUAIS ! C'EST RIGOLO !
OUAIS, C'EST RIGOLO...
CLIC CLIC
...SAUF QUAND IL A LA DIARRHÉE !

VDM

AUJOURD'HUI, MON PETIT CHAT EST MORT...

BOUHOUHOUUUUU, MON PAUVRE FÉLIIIIX, JE L'AIMAIS TROP, MON P'TIT CHAAAT...
PLEURE PLUS, HIPS! C'EST PAS L'TOUT MAIS IL FAUT L'ENTERRER...
HIPS
J'POURRAIS JAMAIS FAIRE ÇAAAAAAA...
T'INQUIÈTE, AMOUR, JE VAIS, HIPS, M'EN OCCUPER...
HOULA! J'AI TROP PICOLÉ, MOI!
SNIF SNIF SNIF...
ÇA Y EST! JE LUI AI MÊME FAIT UNE PETITE CROIX, TU POURRAS TE RECUEILLIR DEVANT.
BÜRPS!
BOUHOUHOUUHOUUUUU, OÙ IL EST?...
HEU... BEN, HIPS... DANS LE JARDIN, QUOI!
BEUHEUUU
HIIIII
OOOOPS!... HIPS!

AUJOURD'HUI, JE FAIS UN LONG VOYAGE EN TRAIN AVEC MON CHAT...

MIAAAAOWWW
MON PETIT CHAT EST MALHEUREUX, AVEC VOTRE PERMISSION, JE VAIS OUVRIR SA CAGE...
ALLEZ, VIENS SUR LES GENOUX DE PAPA...
MIAOUUU
C'EST MON CHACHAT, ÇA !
IL EST INQUIET, LE CHACHAT À SON PAPA ?...
LÀÀÀÀ...
GLOÜÜRGL BLÖRGHLLL
OH MAIS IL A BOBO À SON VENTRE, LE CHACHAT À SON...
PROOTZ
... PAPA...
MÊÊÊW.

VDM

AUJOURD'HUI, TOUT LE MONDE A COMMENCÉ À ME COURIR SUR LES HORMONES...

RENDS-MOI ÇA !!!
STOOOP !!!
IL A FILÉ AVEC MON PAQUET !!!
T'ÉNERVE PAS COMME ÇA !
MAIS IL VA SE CACHER DANS LE JARDIN ! ET ON LE TROUVERA PLUS !!!
PAS GRAVE ! T'AS QU'À EN PROFITER POUR ARRÊTER !
PUISQUE T'EN AS PLUS... C'EST LE MOMENT OU JAMAIS !
O.K. ! J'ARRÊTE LES RAPPORTS SEXUELS !!!
ET TANT PIS POUR MON PAQUET DE PILULES !!!

AUJOURD'HUI, MES PARENTS ONT VU MA COPINE POUR LA PREMIÈRE FOIS...

ET VOICI SANS DOUTE LA PROPRIÉTAIRE DE CE JOLI PETIT STRING !
VDM

AUJOURD'HUI, MON CHAT A INVENTÉ UNE NOUVELLE ARME BIOLOGIQUE...

SÉRIEUX, T'ES DUR AVEC TON CHAT !
L'ENFERMER DANS LA CAVE JUSTE PARCE QU'IL A FAIT PIPI SUR LE TOIT DE TA VOITURE...
MIAOUUUU...
ÇA SENT RIEN, EN PLUS !
J'AI TOUT NETTOYÉ ! MAIS ÇA A COULÉ DANS TOUT LE SYSTÈME DE VENTILATION !
ET ALORS ?
ET ALORS QUAND JE DÉMARRE, LA VENTILATION SE MET EN MARCHE...
ET ?
ET C'EST L'ATTAQUE CHIMIQUE !!!
VDM

AUJOURD'HUI, J'AI UN CHAT SUPER-SOCIABLE...

DIS, TU SAIS QUE TON CHAT ADORE JOUER AVEC LES VERS DE TERRE ?
OUI, IL S'ÉCLATE PENDANT DES HEURES DANS LE JARDIN !
ET TU SAIS QU'IL AIME BIEN SON PETIT CONFORT ?...
ET QU'IL DOIT TROUVER QU'IL FAIT UN PEU FRISQUET DEHORS...
POURQUOI TU DIS ÇA ?...
PARCE QUE DEPUIS TOUT À L'HEURE, IL LES RENTRE UN PAR UN DANS LE SALON !

VDM

AUJOURD'HUI, MON MINOU EST TOUT CÂLINOU...

RRRR
RHÔÔÔÔÔ!
À CHAQUE FOIS QUE JE T'ATTRAPE LA QUEUE, TU LAISSES DES POILS PARTOUT!!!
PFFFFRRHI HI HI HI HI HI HI!...
HA HA HA! C'EST BEAU LA JEUNESSE!!!
MONOÏ



VDM

AUJOURD'HUI, MON CHAT M'A PRIS LA TÊTE...

RONFL
?
RRR
RRRRRR
RRRR
ATTENDS UN PEU, MON GAILLARD!
PPRÖTZL
GNNN
ALORS... C'EST QUI, LE PATRON ?!!
GNAP!
OUAÏE!!

VDM

AUJOURD'HUI, FACE À FACE ÉMOUVANT AVEC MON CHAT...

NON MAIS...
C'EST PAS VRAI !...
MAIS ÇA VA DURER LONGTEMPS ?!...
JE ME DEMANDE BIEN...
QU'EST-CE QU'ELLE A À ME REGARDER COMME ÇA, CELLE-LÀ ?!...

VDM

AUJOURD'HUI, C'EST LA JOURNÉE DES SURPRISES...

OOOH! TU AS PENSÉ À MA FÊTE!
UN GRILLE-PAIN, C'EST VRAIMENT UN SUPER-CADEAU!
MERCI AMOUR!
KLIK
VOILÀ, MON TRÉSOR...
DZOÏNG!
MÉOU!
HIIIIII!
COUIC
BOUHOUHOUUU...
UN CHAT CARDIAQUE! C'EST PAS DE POT! TU DEVRAIS LUI FAIRE UN PETIT CADEAU POUR LA CONSOLER!
HEU, NON! PAS DE CADEAU!
MINOU

VDM

AUJOURD'HUI, MON CHAT NOUS A PROUVÉ L'HABILETÉ DE SES GRIFFES RÉTRACTILES...

CHÉRIIIIE, C'EST MOI !
MAIS QU'EST-CE QUE TU FAIS, LA TÊTE DANS... AH, C'EST LE GRAND MÉNAGE ?
FLUSSHH
ÇA ALORS ! LE CHAT SAIT TIRER LA CHASSE D'EAU, C'EST GÉNIAL !!!
PAS QUAND TU ES EN TRAIN DE VOMIR !!!

VDM

AUJOURD'HUI, J'AI REÇU LE CADEAU QUI M'AURA LE PLUS MARQUÉ DE MA VIE...
TU ARRIVES TÔT, CHÉRI ! JE NE SUIS PAS ENCORE PRÊTE !
PRENDS TON TEMPS MAIS OUVRE TON CADEAU !
MON CADEAU DE MARIAGE ? TU VEUX QUE JE L'OUVRE TOUT DE SUITE ?
OUI.
OOOH ! COMME IL EST TROGNON !
MI...
LE PETIT CHATON D'AMOUR, VIENS FAIRE UN CÂLIN À LA MARIÉE !
FFFHHH !
SHHHHHH
VIVE LA...
... FIANCÉE DE FRANKENSTEIN !...

VDM

AUJOURD'HUI, J'AI ÉTÉ VICTIME D'UN DOUBLE HOMICIDE...

C'EST LE DÉCÈS DE SON POISSON ROUGE QUI LA TOURMENTE À CE POINT ?...
BEN, C'EST AUSSI QUE SON PETIT CHAT SE SOIT ÉTOUFFÉ AVEC !
fishfood
VDM

AUJOURD'HUI, MA MÈRE NOUS A REJOUÉ *TERMINATOR*...

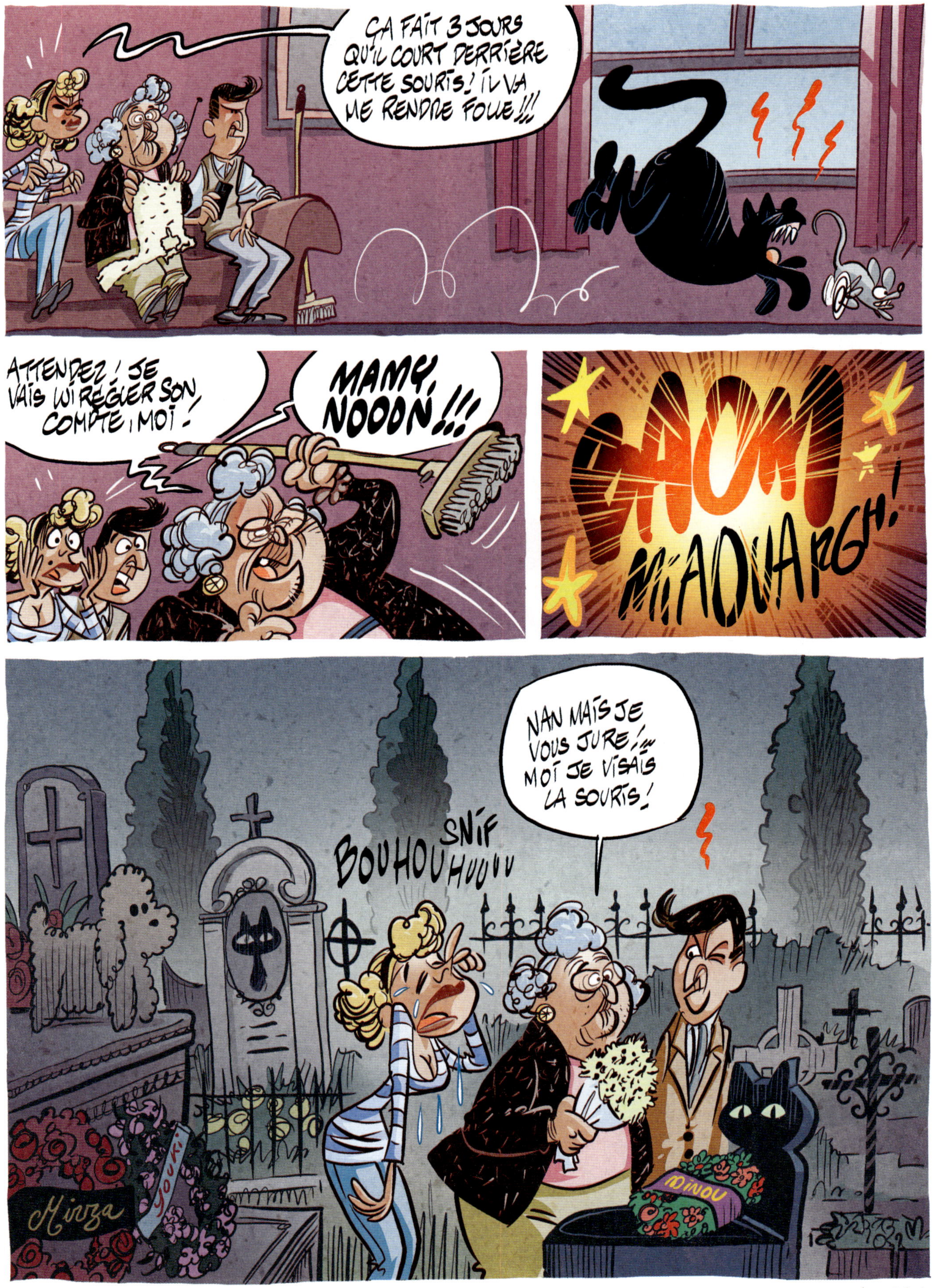
ÇA FAIT 3 JOURS QU'IL COURT DERRIÈRE CETTE SOURIS ! IL VA ME RENDRE FOLLE !!!
ATTENDEZ ! JE VAIS LUI RÉGLER SON COMPTE, MOI !
MAMY, NOOON !!!
MIAOUARGH !
NAN MAIS JE VOUS JURE !... MOI JE VISAIS LA SOURIS !
BOUHOUHUUUU
SNIF
Mirza
YOUKI
MINOU



VDM

AUJOURD'HUI, MON CHAT ME PREND POUR UNE BILLE...

HÉ, HO ! TU TE CROIS OÙ, TOI ?!
RRRR RRR
OUSTE ! DÉGAGE !
NON MAIS !
MIAOUUU
C'EST BOOON ! J'OUVRE !
ALLEZ, DEHORS !
GNIIIIII
RRRRRRR

VDM

AUJOURD'HUI, MON CHAT ACCUEILLE MON NOUVEAU MEC AVEC TENDRESSE...

MIOUUUU...
NON ET NON!
MAIS ENFIN, IL VEUT JUSTE MONTER SUR TOI!
C'EST SALE! ET LA PLACE D'UN ANIMAL, C'EST PAR TERRE!
MAIS C'EST PAS SALE DU TOUT! ALLEZ, VIENS, PETIT MINOU.
MIOU...
MIOU...
MIOU...
EST-CE QUE JE VAIS DANS SA LITIÈRE, MOI?!!
IL VEUT JUSTE TE FAIRE SENTIR COMBIEN IL T'AIME!
PFFFFFFFFFFFF
POUAAHRK!
MHFFF!
AH OUAIS! LÀ, IL M'AIME BIEN!


VDM

AUJOURD'HUI, MA FEMME COUVE UNE PETITE GASTRO...

BEUHEUUUU !
ÇA VA PAS MIEUX CE MATIN ?... TOUJOURS BARBOUILLÉE ?...
BÜRPS !
BEUHEUUUU !
JE T'AI MIS UNE BASSINE AU PIED DU LIT !!!
BEUAAARGUL
COMME ÇA ÇA ÉVITERA ...
MIAOU !
?
!
FRRRRR
...D'EN METTRE PARTOUT !...

VDM

AUJOURD'HUI, J'AI VOULU FAIRE PLAISIR À MON CHAT...

DITES JE T'AIME À VOTRE CHAT AVEC LES CROQUETTES MIAOUMIAM®
?
DITES JE T'AIME À VOTRE CHAT AVEC LES CROQUETTES
MIAOU MIAM®
MIAOU MIAM®
PROMO
MIAOU MIAM
20 €.
♫
MIAOU MIAM
DES BONNES CROQUETTES MIAOUMIAM®... POUR MON CHACHAT QUE J'AIME !
POUSSY
GARGLH!
COUIE.
MIAOU MIAM
POUSSY
DITES JE T'AIME À VOTRE CHAT AVEC LES CROQUETTES MIAOUMIAM® !
MIAOU MIAM
POUSSY

VDM

AUJOURD'HUI, J'AVAIS UN PEU DE RETARD SUR LE NETTOYAGE DE LA LITIÈRE...

POUAAAH, L'INFECTION POURRIE!!!
AARGH! 30 MILLIONS D'AMIS !... 30 MILLIONS D'USINES À CROTTES, OUI!
POURVU QUE JE NE CROISE PAS UN VOISIN!
VITE! VITE! VITE!
OUF! REZ-DE-CHAUSSÉE!
KRAAAK!
?!
'SOIR...

VDM

AUJOURD'HUI, LE COUSCOUS EN BOÎTE "C'EST BON COMME LÀ-BAS"...

JE TE DIS QUE JE SUIS LE ROI DU COUSCOUS EN BOÎTE !
COUSCOU
D'ABORD, IL FAUT BIEN DISPOSER LA SEMOULE DANS UN GRAND PLAT...
COUSCOU
VOIIIILÀ !
JE LE POSE À CÔTÉ DE TOI.
ENSUITE, PORTER L'EAU À ÉBULLITION...
LE SECRET DU CHEF, POUR RÉUSSIR UN BON COUSCOUS, NE PAS OUBLIER D'ÉPICER !
ÇA, C'EST FAIT !
PSSSSSSSS

VDM

AUJOURD'HUI, MA FEMME M'A FAIT PASSER UN MESSAGE...

MAIS, MON AMOUR, POURQUOI EMPÊCHES-TU CES PAUVRES BÊTES DE S'ACCOUPLER ?...
J'PENSE QU'ELLE EST JALOUSE DE LEUR ÉPANOUISSEMENT SEXUEL... ENFIN, J'DIS ÇA, J'DIS RIEN !
VDM

AUJOURD'HUI, JE ME SUIS FAIT DORLOTER COMME UN COQ EN PÂTE...

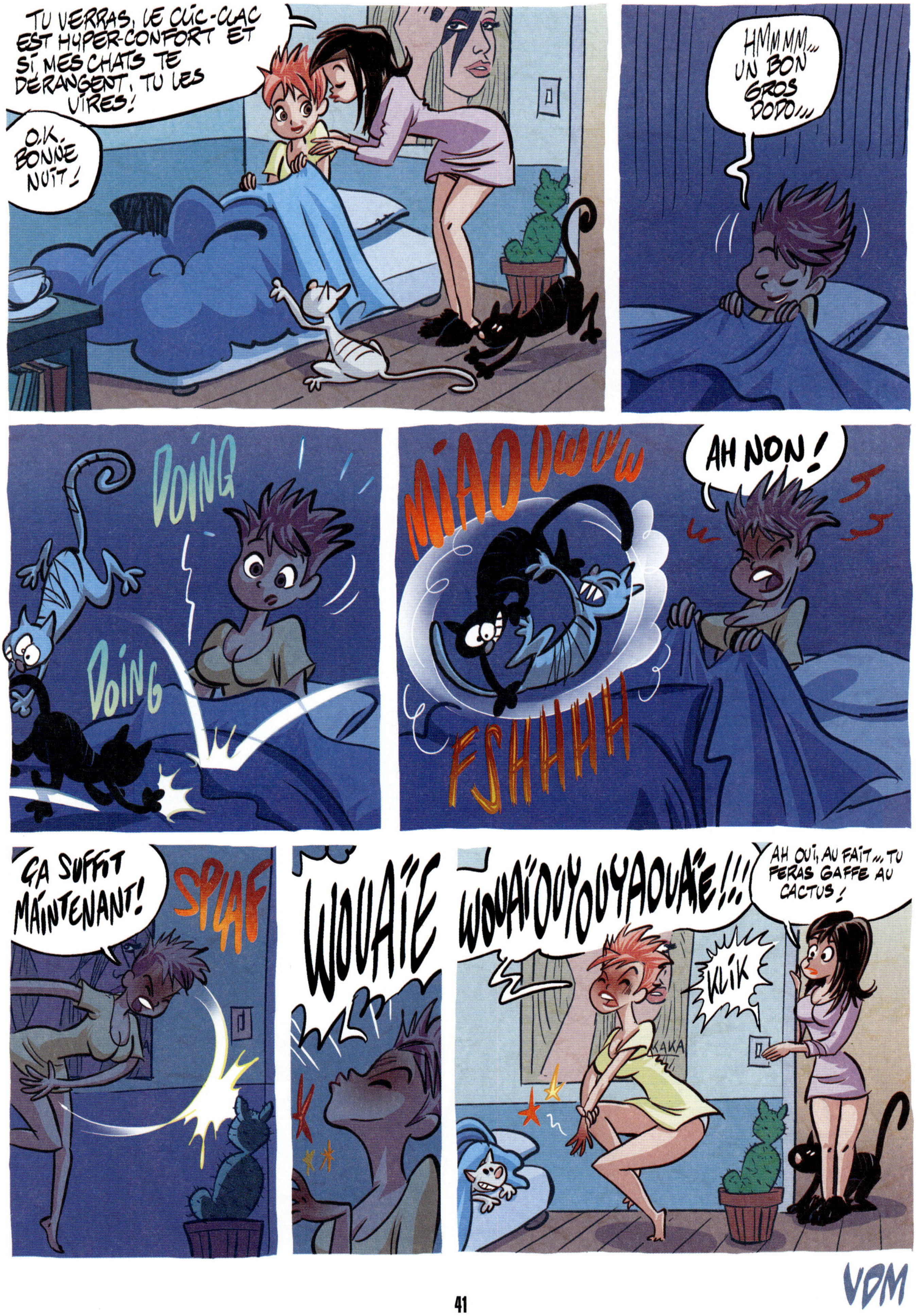

TU VERRAS, LE CLIC-CLAC EST HYPER-CONFORT ET SI MES CHATS TE DÉRANGENT, TU LES VIRES !
O.K. BONNE NUIT !
HMMMM... UN BON GROS DODO...
DOING
DOING
MIAOOWWW
FSHHHH
AH NON !
ÇA SUFFIT MAINTENANT !
SPLAF
WOUAÏE
WOUAÏOUYOUYAOUAÏE !!!
AH OUI, AU FAIT... TU FERAS GAFFE AU CACTUS !
KLIK
KAKA
VDM

AUJOURD'HUI, MA FAMILLE OFFRE UNE BELLE IMAGE...

PAPA !
ÇA Y EST, J'AI IMPRIMÉ ET ENVOYÉ TOUTES LES CARTES DE VOEUX À TOUTE LA FAMILLE, AUX AMIS...
C'EST LA PHOTO OÙ IL Y A LA PETITE DANS LA NEIGE QUE TU AS ENVOYÉE À TOUT LE MONDE ?!!
OUI ! SI TU VEUX EN ENVOYER IL M'EN RESTE DEUX-TROIS !
BEN... TANT MIEUX, COMME ÇA ILS AURONT AUSSI LA PHOTO DU CHIEN ET DU CHAT !
Meilleurs Voeux

AUJOURD'HUI, C'EST LA JOURNÉE DES PETITES TENDRESSES...

C'EST DIMANCHE, PAPA... UN CÂLIN!
BISOUS MA FIFILLE D'AMOUR!
BIZ BIZ BIZ
C'EST DIMANCHE, PAPA! UN CÂLIN! UN CÂLIN!
HA HA! MON GRAND GARÇON!
ET MOI, J'AI AUSSI DROIT À UN CÂLIN?
BIZZZ HHHMM
BONJOUR, AMOUR!
BIZZZZ
MIOU
TOI AUSSI TU VEUX UN CÂLIN?
RRR RRR RRR
PSSSSSSS

VDM

AUJOURD'HUI, C'EST LA FÊTE SANS MODÉRATION...

DRIIIING
HAHAHAHIHI HIHOUHOHAHU HIHIHIIII !
DIS DONC, ON S'AMUSE, CHEZ TOI !
HIII HIHIHI HOHOHO HAHAHA !
C'EST L'ANNIVERSAIRE DE MA GRAND-MÈRE.
C'EST ELLE QUI SE MARRE COMME ÇA ?... ELLE EST COMPLÈTEMENT SAOULE !
HIHIHIHI OOOOOH
ELLE S'ÉCLATE, ON DIRAIT !
C'EST RIEN DE LE DIRE, ELLE A RETIRÉ SON DENTIER POUR LE FAIRE ESSAYER AU CHIEN !
HOUHOUHUHU HOUHOHAAA HIHI !
ET... ELLE A RÉUSSI ?
NON.
HIIIHI HAHA !
ALORS ELLE S'EN EST PRISE AU CHAT !
?!
HAHAHA ! OHOOOHOHIII !


VDM

AUJOURD'HUI, MON MEC A FAIT DES EFFORTS POUR COMMUNIQUER...

DIS DONC, IL EST À FOND DANS SON JEU VIDÉO, TON MEC !
M'EN PARLE PAS !
ÇA DOIT PAS ÊTRE DRÔLE TOUS LES JOURS !
M'EN PARLE PAS !
J'EN AI DÉJÀ VU DES ABSORBÉS, MAIS DES COMME ÇA, ALORS LÀ JAMAIS JAMAIS JAMAIS !
QU'EST-CE QUI TE FAIT DIRE ÇA ?
LE POST-IT COLLÉ SUR LE CHAT !!!
!?!
Ramène-moi une bière et du saucisson STP

AUJOURD'HUI, J'AVAIS VRAIMENT L'IMPRESSION D'ÊTRE SEULE AU MONDE...

ALLONS, UNE DE PERDUE, DIX DE RETROUVÉES, COMME ON DIT !
NOOOOOON ! C'EST ELLE QUE JE VEUX ! SNIF...
ELLE EST PARTIE ET C'EST À CAUSE DE CE MAUDIT CHAT !!!
?
?
QU'EST-CE QUE TU RACONTES ? ELLE N'AIME PAS LES CHATS ?...
SI ! ELLE LES ADORE !!!
BEN ALORS ?...
SNIF SNIF... SON PRÉTEXTE C'EST QUE... SNIF...
ELLE M'A LARGUÉ PARCE QUE SON CHAT N'AIME PAS LE MIEN !

# VIE DE MERDE

## Dans la même collection...

Hipo - Grelin - Valette - Passaglia - Guedj
VIE DE MERDE
les premières fois

Mr Choubi - Valette - Passaglia - Guedj
VIE DE MERDE
au boulot
ENTRETIEN D'EMBAUCHE

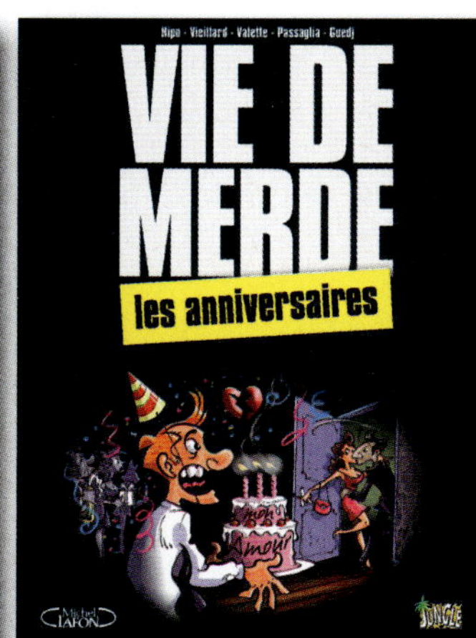
Hipo - Vieillard - Valette - Passaglia - Guedj
VIE DE MERDE
les anniversaires

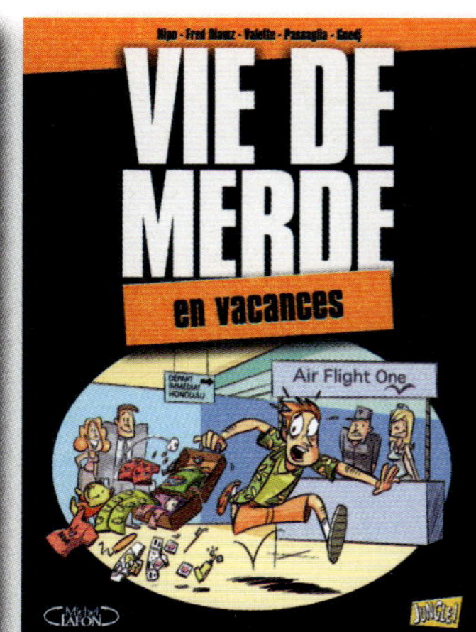
Hipo - Fred Monz - Valette - Passaglia - Guedj
VIE DE MERDE
en vacances
Air Flight One

AAAH!
FFSH